AF468537

NOUVELLE REVUE HISTORIQUE DE DROIT FRANÇAIS ET ÉTRANGER

PUBLIÉE SOUS LA DIRECTION DE MM.

Rodolphe DARESTE
Membre de l'Institut,
Conseiller à la Cour de Cassation.

Adhémar ESMEIN
Professeur à la Faculté de droit de Paris,
Directeur-adjoint à l'École pratique
des Hautes-Études.

Marcel FOURNIER
Agrégé à la Faculté de droit de Caen,
Archiviste-Paléographe.

Joseph TARDIF
Docteur en droit, Archiviste-Paléographe.

Maurice PROU
Bibliothécaire à la Bibliothèque Nationale.

Georges APPERT
Docteur en droit,
Secrétaire de la Rédaction.

TEXTES JURIDIQUES LATINS INÉDITS
DÉCOUVERTS EN ÉGYPTE

Lettre à M. Paul Frédéric Girard par SEYMOUR DE RICCI

Par P. F. GIRARD

LIBRAIRIE
DE LA SOCIÉTÉ DU RECUEIL J.-B. SIREY ET DU JOURNAL DU PALAIS
Ancienne Maison L. LAROSE & FORCEL
22, *rue Soufflot, PARIS*, 5e *arr.*
L. LAROSE & L. TENIN, Directeurs

TEXTES JURIDIQUES LATINS INÉDITS

DÉCOUVERTS EN ÉGYPTE

Lettre à M. Paul Frédéric Girard

par Seymour de Ricci.

Vous vous souviendrez, cher maître, du désir que je vous avais exprimé, au moment de partir pour l'Égypte en janvier dernier, de rapporter de mon voyage quelque document romain dont vous puissiez tirer profit pour vos études juridiques. Je viens aujourd'hui vous communiquer une petite série de quatre textes inédits que je vous prie, si vous le jugez utile, de bien vouloir porter à la connaissance des lecteurs de la *Nouvelle Revue historique de droit.*

Ces textes sont tracés sur une série de planchettes en bois, enduites de cire, analogues à celles découvertes en Transylvanie et à Pompéï et commentées en dernier lieu dans vos *Textes de droit romain.* On a souvent trouvé en Égypte des planchettes de cette espèce : ce sont généralement des cahiers d'écoliers, mais j'ai acquis cet hiver dans le Fayoum un fragment de contrat en langue grecque; quant aux planchettes latines, je n'en connais encore que deux : l'une à Oxford, un simple fragment; l'autre dans la collection de lord Amherst of Hackney, un acte de manumission *inter amicos :* j'ai eu la bonne fortune de publier le premier ces deux curieux documents dans les *Proceedings of the Society of biblical archaeology.*

Les tablettes dont vous trouverez ci-dessous le texte, sont conservées depuis une dizaine d'années au Musée du Caire; elles proviennent de Fayoum et se présentent sous la forme de trois diptyques et d'une planchette isolée. Les diptyques ne sont enduits de cire que sur les pages intérieures : l'écriture extérieure étant tout simplement tracée à l'encre.

Ces documents sont intéressants comme spécimens de cursive latine datée : vous remarquerez notamment, dans le n° 4, l'emploi de la forme II indifféremment pour I et pour E.

N° 1 (1). — Une seule tablette (Musée du Caire, inventaire n° 29811). Gravé sur la cire. Rien au verso.

MACILIOAVAVIOLAIITPANSACOS
PRIDIIINONASIANVARIAS
THATIIRIVSNIIPOSPRAIIFAIIG
LVALIIRIONOSTROIIQVITI
ALAIIVOCONTIORVMTVRMA
GAVIANAIIMIIRITOHONII
STAMMISSIONIIMDIIDIT
//////RLEGI·O·S·S·ĒHM̄· DEDI PRID NON

La dernière ligne est écrite d'une autre main, à l'encre sur la marge inférieure de la planchette.

M(arco) Acilio Auiola et Pansa co(n)s(ulibus), pridie nonas Ianuarias. T(itus) Haterius Nepos prae(fectus) Aeg(ypti), L(ucio), Ualerio Nostro, equiti alae Uocontiorum turma Gauiana, emerito, honestam missionem dedit.

[? Pe]rlegi o(mnia) s(upra) s(cripta) e(t) h(onestam) m(issionem) dedi prid(ie) non(as).

L. 1 AV est répété par erreur.

La date correspond au 4 janvier 122 après J.-C.

Le préfet d'Égypte Titus Haterius Nepos est déjà connu par plusieurs inscriptions et papyrus (CIL. III, 39 et XI, 5213; BGU 742; CPR 18) datés de février 121 à avril 124.

Notre texte est un diplôme militaire, un congé d'*honesta missio*, le premier que l'on connaisse qui soit écrit sur une autre matière que le bronze. Notez qu'il émane, non de l'Empereur mais de son fondé de pouvoirs le préfet d'Égypte : c'est là une singularité qui le distingue de tous les autres diplômes militaires, notamment de ceux de Thèbes et de Koptos, les seuls découverts jusqu'ici sur le sol de l'Égypte.

(1) Publié par moi en minuscule dans les *Comptes rendus de l'Académie des Inscriptions*, 1905, p. 402-403, avec une courte analyse des autres planchettes.

J'ai quelques doutes sur la lecture de la dernière ligne : je ne suis pas certain qu'il manque quelque chose avant *RLEGI* et l'abréviation *o(mnia)* a quelque chose d'insolite. En tout cas cette dernière ligne me paraît contenir la signature *autographe* du préfet d'Égypte : les anciens ne considéraient pas que le nom du signataire fût la partie essentielle d'une souscription.

N° 2 (Musée du Caire, inv. n. 29808). — Diptyque (115 × 140 mm.).

Texte extérieur.

Page 1 (à l'encre) :

ici sept (?) noms de témoins absolument illisibles

(*place où étaient apposés les sceaux*).

VALERIASERAPIASANTIN////////////////
PROCVRATORE LVAL///////////////
MATIDIOQ//////PLOTINI///////////////////
ENSIOFRATRIEIVSTESTA////////////////
//
//

Page 4 (à l'encre) :

SEQVEHERED·ESSESECVNDVMTABVL
TESTAM·EIVS·ACTVMAEG·NOMO
ARSINOITEMETROPOLI·IIIKALOCTOBR
M·CORNELIOCETHEGO SEXSERVILIOCLAROCOS
ANNO $\overline{\text{XI}}$ IMP·CAESARIS MAVRELIANTONINI
AVG·ARMENIACI MEDICI PARTHICIMAXIMI

MENSÈ PHAOPHI DIE $\overline{\text{II}}$
ΟΥΑΛΕΡΙΑCΕΡΑΠΕΙΑCΠΡΟCΗΛΘΟΝΤΗΚΛΗΡΟ
ΝΟΜΙΑΤΗCΜΗΤΡΟCΜΟΥΑΚΟΛΟΥΘΟCΤΗΔΙΑΘΗ Sic
ΚΗΑΥΤΗCΛΟΥΚΙΟCΟΥΑΛΕΡΙΟCΛΟΥΚΡΗΤΙΑΝΟC
ΕΠΕΙΤΡΟΠΟCΩΝΑΥΤΗCΕΓΡΑΨΑΥΠΕΡΑΥΤΗC
ΑΦΗΛΙΚΟCΟΥCΗC

L. 1 du texte grec le π de προσηλθον est récrit sur un ρ.

Texte intérieur.

Page 2 (gravée sur cire).

VALIIRIASIIRAPIASANTINOISVIR
GO PIIR PROCVRATORII ·L·
VAL·LVCRIITIANOMATIDIOQII
PLVTINIO·ANTINOIINSIOFRA
TRIIIIVS·TIISTATAIIS SIIHII
RIIDITATIIM·FLAVIAIIVALII
RIAIIMATRISIIIVS·ADIISSII
CRIIVISSAIIQ·SIIQ·HIIRIIDIIS
IISSIISIICVNDVMTABVLAII

Page 3 (gravée sur cire).

T·IIIVS·ACTVMAIIG·NOMOAR
SINOITIIMIITROPOLI
III·KAL·OCT·M·CORNIIJLIOCII
THIIGO·SIIRVILIO·CLARO COS

La transcription suivante peut servir pour les deux textes; j'en ai rectifié un peu l'orthographe, par trop fantaisiste :

Noms des témoins : effacés.

Texte : *Ualeria Serapias, Antinois uirgo, per procuratore L(ucio) Ual(erio) Lucretiano, Matidio q(ui)e(t) Plotinio, Antinoensio, fratre eius, testata est se hereditatem Flauiae Ualeriae matris eius adiisse creuisseq(ue) seq(ue) heredem esse secundum tabulas testam(enti) eius. Actum Aeg(ypto), nomo Arsinoite, Metropoli;* III *kal(endas) Octobr(es) M(arco) Cornelio Cethego, Sex(to) Seruilio Claro co(n)s(ulibus). Anno XI Imp(eratoris) Caesaris M(arci) Aureli Antonini Aug(usti) Armeniaci Medici Parthici Maximi.*

Souscription : Ουαλερια Σεραπειας προσηλθον τη κληρονομια της μητρος μου, ακολουθος (*lire : -ως*) τη διαθηκη αυτης. Λουκιος Ουαλεριος Λουκρητιανος, επειτροπος (*lire : επι-*) ων αυτης, εγραψα υπερ αυτης αφηλικος ουσης.

La date correspond au 29 septembre 170, ap. J.-C.; elle est, comme dans le diptyque de Lord Amherst, exprimée à la fois selon le calendrier Julien et le calendrier indigène.

Matidius qui et Plotinius est un démotique de la ville d'Antinooupolis, déjà connu par les papyrus (1). On sait que les Αντινοεις jouissaient dans l'Égypte romaine d'un certain nombre de privilèges ; aussi ne manquent-ils jamais de se parer de ce titre dans tous les contrats où ils figurent.

N° 3 (Musée du Caire, inv. n. 29810). — Diptyque (112 × 142 mm.).

Texte extérieur.

Page 1 (à l'encre).

C·LVCCI·SEM//////·ANI
T·FLAVI IVLIANI
L·I////// NVMERIANI
C·IVLI ANTONI
C·RVFIPTOLEMAI
C·IVLI·GERMANI
L·VAL·LVCRETIANI

Place où étaient apposés les sceaux.

VALERIA SERAPIAS ANTINOIS VIRGO
PER PROCVRAT·L·VAL·LVCRETIANO
MATIDIOQ·E·PLOTINIVSANTINOENSIO
FRAT·EIVS
TESTATAESTSEHEREDITATEMLVCRETIAE
DIODORAEAVIAEDEPATREADISSE CRE
VISSEQVESEQVEHEREDEMESSESECVND

Ligne 4 les mots *frat. eius* ont été ajoutés après coup.

Page 4 (à l'encre).

///////////////STESTAMENTIEIVS
////////VM/////G NOMOARSINOITEMETROP
///////////////////M·CORNELIOCETHEGO
////////////////CLAROCOSANNOXIIMP
//AESARISMAVRELIANTONINIAVG·ARMEN
MEDICIPARTHICIMAXIMIMENSE
PHAOPHI DIE II

(1) Kenyon, *Archiv für Papyrusforschung*, II, p. 72.

ΟΥΑΛΕΡΙΑϹΕΡΑΠΕΙΑϹΠΡΟϹΗΛΘΕΝΤΗΚΛΗΡΟΝΟΜΙΑ
ΤΗϹΜΑΜΜΗϹΜΟΥΚΑΤΑΠΑΤΕΡΑΑΚΟΛΟΥΘΩϹ
ΤΗΔΙΑΘΗΚΗΑΥΤΗϹΛΟΥΚΙΟϹΟΥΑΛΕΡΙΟϹΛΟΥΚΡΗΤΙΑ
ΝΟϹΕΠΕΙΤΡΟΠΟϹΩΝΑΥΤΗϹΕΓΡΑΨΑΥΠΕΡΑΥΤΗϹΑ
ΦΗΛΙΚΟϹΟΥϹΗϹ

Texte intérieur.

Page 2 (gravée sur cire).

VALIIRIASARAPIASANTINO
IS·VIRGOPIIRPROCURA
TORIIM L·VAL·LVCRIITI
ANO·MATIDQIIPLOTINIO
ANTINOIINSII// FRATRISIIIVS
TIISTATAIISTSIIHIIRIIDITATII
LVCRIITIAIIDIODORAIIAVI
AIIDIIPATRIIADISSIICRII
. . .

Page 3 (gravée sur cire).

VISSAIIQ·SIIQVIIHIIRIIDIIM
IISSIISIICVNDVM·TABVLAII
T IIIVS
ACTVMAIIG·NOMOARSINOITE
METROPOLI
MCORNELIOCETHEGO·SEX
///////////////IOCLARO COS
. . . .

La transcription suivante de ces deux textes ne corrige que quelques fautes d'orthographe.

Noms des témoins : *G(ai) Lucci Sem[proni?] ani, T(iti) Flaui Iuliani, L(uci) I[uli?] Numeriani, G(ai) Iuli Antoni, G(ai) Rufi Ptolemai, G(ai) Iuli Germani, L(uci) Ual(eri) Lucretiani.*

Texte : *Ualeria Serapias, Antinois uirgo, per procurat(ore) L(ucio) Ual(erio) Lucretiano, Matidio (qui) e(t) Plotinio (ou -us), fratre eius, testata est se hereditatem Lucretiae Diodorae, auiae de patre, adisse creuisseque, seque heredem esse secundum tabulas testamenti eius. Actum Aeg(ypto) nomo Arsinoite, Metropoli, III Kal(endas) octobr(es), M(arco) Cornelio Cathego Sex(to) [Seruil]io Claro co(n)s(ulibus), anno XII Imp(eratoris) [C]aesaris*

M(arci) Aureli Antonini Aug(usti) Armen(iaci) Medici Parthici Maximi mense phaophi die II.

Souscription : Ουαλερια Σεραπειας προσηλθεν τη κληρονομια της μαμμης μου κατα πατερα, ακολουθως τη διαθηκη αυτης· Λουκιος Ουαλεριος Λουκρητιανος, επειτροπος (*lire* επι-) ων αυτης εγραψα υπερ αυτης αφηλικος ουσης.

Même date que le précédent (29 septembre 170) !

Cette date devait être exprimée à la fin de la ligne 5 de la page 3. Ma copie doit être inexacte en ce point et ne pas tenir compte de l'existence en cet endroit de signes effacés. Ai-je bien lu προσηλθεν et non προσηλθον dans le texte grec?

N° 4 (Musée du Caire, inv. n. 29807). — Diptyque (175 × 124 mm.).

La ficelle antique subsiste encore.

Texte extérieur.

Page 1 (à l'encre).

C·IVLIPRISCI
C·IVLI·SERENI
T·FENIIMACEDONIS
M·SERVILICLEMENTIS
C·IVLILECINNIANI
T·IVL·EVTYCHI
L·PĖTRONICELERIS

Place où étaient apposés les sceaux.

C·BELLICIOCALPVRNIOTORQVAT///
Ṗ·SALVIOIVLIANOCOS·IIINON·NOVĖMBR
ANNO XIIIMP·CAESARISL·AELIHADRIANI
ANTONINIAVG·PII·MENSEATHYR///////
ALEXANDREADAEGYPTVM
RESCRIPTVMETRECOGNITVMFAC////////
EXTABVLAALBI·PROFESSION////////////////////
RVMNATOR/////QVAETR////// (place d'un sceau)
ERATINATRIOMAGNO///////////
. . . .

Page 4 (à l'encre).

FVITETQVODINFRASCRIPTVMEST
C·BELLICIO CALPVRNIOTORQVATOCSALVIO
IVLIANOCOSANNOXII·IMPCAESARISTAELI
HADRIANIANTONINIAVG·PII·
M·PETRONIOHONORATOPRAEFAEG
PROFESSIONISLIBERORVMACCEPTAE
CITRACAVSARVMCOGNITIONEMTABVLA
VETPOSTALIAPAG III XVIIIKOCTOBR

TI·IVLIVSDIOSCVRIDES fffo////
FILN IVLIAMAMMONVNEXIVLIA
AMMONARIOXIII·K·SEPTEMBR·Q·P·F
/////R AD F

Page 2 (gravée sur cire).

C·BIILLIICIIOCALPVRNIIOTORQVATO
CSALVIIOIIVLIIANOCOS·IIINONNOVIIM
BRIIS·ANNOXIIIMPCAESARIISTAII
LIIHADRIIANIIANTONIINIIAVG·PI
MIINSIIATHYRVII//VIIALIIXADRII
GYPTVMRIISCRIIPTVMIITRIICOGNI
TVMFACTVMIIXTABVLAALBIIPROFIISSI
ONVMLIIBIIRORVMNATORVMQVAIITRAS
SCRIPTVM·FVIITIIDQVODIINFRASCRIIPTVM
IIST C·BIILLIICIIO CALPVRNIIOTORQVA

Page 3 (gravée sur cire).

TO CSALVIOIIVLIIANOCOSANNOXIIIM
PIIRATORCAIISARIIST·AIILIHADRIIANIIAN
TONINIAVGPII MPIITRONIOHO
NORATOPRAIIF·AIIG·PROFIISSIIONIIS
LIIBIIRORVMACCIIPTAIICIITRACAV
SARVMCOGNIITIIONIIMTABVLAVIIT
POSTALIAPAGIINA[2] III XVIIIK·OCTOBR

TI·IVLIVSDIOSCVRIDIIS

FNIVLIAAMMONVMEXIVLIAAMMONARIOXIIIK

SIIPT·Q P F

G(ai) Iuli Prisci, G(ai) Iuli Sereni, T(iti) Fenii Macedonis, M(arci) Seruili Clementis, G(ai) Iuli Lecinniani, T(iti) Iul(i) Eutychi, L(uci) Petroni Celeris.

Texte extérieur : *G(aio) Bellicio Calpurnio Torquat[o], P(ublio) Saluio Iuliano co(n)s(ulibus), III non(as) nouembr(es), anno XII Imp(eratoris) Caesaris L(uci) Aeli Hadriani Antonini Aug(usti) Pii, mense Athyr [die VII] Alexandr(iae) ad Aegyptum.*
Rescriptum et recognitum fac[tum] ex tabula albi profession[um libero]rum nator[um] quae tr[anscriptum?] erat in atrio magno (?)...... *fuit* (?) *et quod infrascriptum est :*

G(aio) Bellicio Calpurnio Torquato, G(aio) Saluio Iuliano co(n)s(ulibus), anno XII Imp(eratoris) Caesaris T(iti) Aeli Hadriani Antonini Aug(usti) Pii, M(arco) Petronio Honorato praef(ecto) Aeg(ypti), professionis liberorum acceptae citra causarum cognitionem tabula V, et post alia pag(ina) III, XVIII K(alendas) octobr(es) :

Tib(erius) Iulius Dioscurides ..... fil(iam) n(atam) Iuliam Ammonum ex Iulia Ammonario, XIII K(alendas) septembr(es) q. p. f. ..r (?) *ad f.* (?)

Le déchiffrement de ce diptyque présente de réelles difficultés et je ne veux pas présenter comme définitive une copie que j'ai été obligé d'exécuter assez rapidement. La difficulté est augmentée par l'absence dans le texte intérieur de tout le membre de phrase qui occupe, très mutilé, les dernières lignes de la page 1.

Page 2, l. 5, les lettres qui suivent *mense athyr* ont été certainement mal lues par moi; il faudrait [*die*] VII ou quelque chose d'analogue.

Je n'ose proposer de lecture pour les sigles des dernières lignes; Q. P. F. pourrait signifier *quam professionem feci;* A D F ou peut-être A D E serait *ad exemplum?*

La date exprimée en tête du document correspond au 3 novembre 148 apr. J.-C.

Marcus Petronius Honoratus fut précisément préfet d'Égypte en 147 et 148 après J.-C. Je crois que notre diptyque est le plus récent des textes qui mentionnent ce préfet (BGU 265; P. Lond. 358; P. Fay, 203; CIL. VI, 1625; planchette d'Oxford).

Le document contient une copie certifiée, délivrée à Alexandrie d'un paragraphe de la troisième colonne du cinquième tableau de l'album des naissances dont la déclaration a été reçue *citra causarum cognitionem.*

Il s'agit d'une fille Iulia Ammonus (Αμμωνους) née le 20 août et déclarée le 14 septembre de la même année, par son père Tiberius Iulius Dioscurides.

La mère s'appelait Iulia Ammonarium et rien ne prouve qu'elle fut la femme légitime de Dioscurides sinon le fait qu'elle a un gentilice.

Ce diptyque présente une particularité dont aucun autre découvert en Égypte n'avait encore fourni d'exemple : la présence sur la première page, à l'angle inférieur de droite, d'un sceau isolé, semblable à celui qu'a relevé M. Zangemeister sur les tablettes du banquier Iucundus.

SEYMOUR DE RICCI.

Les lecteurs de la *Nouvelle Revue historique de droit* seront vivement reconnaissants à M. Seymour de Ricci d'avoir bien voulu leur offrir la primeur des quatre précieux monuments juridiques dus à la fructueuse campagne de recherches qu'il a entreprise l'année dernière en Égypte en vertu d'une mission du Ministère de l'instruction publique. Je dois personnellement lui exprimer toute ma gratitude de l'honneur qu'il m'a fait en me les adressant et du service qu'il m'a rendu en me mettant ainsi à même de les signaler à la fin de la 4e édition de mon *Manuel de Droit romain* publiée le mois passé. Il suffit, pour en apercevoir le haut intérêt, de lire tant la lettre si claire et si précise de M. Seymour de Ricci que les explications provisoires plus sommaires qu'il avait déjà présentées à l'Académie des inscriptions en lui annonçant sa découverte. C'est uniquement pour ne pas répondre à son invitation par un refus que j'ajoute ici quelques observations rapides qui ne retarderont pas davantage une publication trop longtemps ajournée par mon fait, mais non par ma volonté.

I. — Le texte nº 1, qui est le seul des quatre qui ne soit pas entièrement inédit, M. de Ricci en ayant donné une première copie dans sa lettre à l'Académie des inscriptions (1), constate un congé reçu le 4 janvier 122 par un soldat des troupes auxiliaires de cavalerie en garnison en Égypte. Il se rattache donc à la grande famille des diplômes militaires (2). Mais il s'y distingue par des particularités qu'on n'avait encore rencontrées dans aucun titre de cette espèce. La lettre de M. de Ricci relève correctement les deux plus saillantes. On peut, je crois, en compter jusqu'à cinq. 1º Le titre émane du préfet d'Égypte et non de l'empereur. 2º Les diplômes connus détaillent dans une phrase explicite, dont la rédaction et le contenu même ont d'ailleurs varié avec les circonstances, les avantages accordés aux soldats congédiés; notre acte se borne à constater l'*honesta missio* par les mots : *honestam missionem dedit*. 3º Il porte à la fin une souscription probablement autographe de son auteur, correspondant à notre signature moderne et consistant, suivant les habitudes antiques, non pas dans un nom, mais dans une phrase d'approbation : [*pe*]*rlegi* ou *legi* (3) *o*(*mnia*) *s*(*upra*) *s*(*cripta*) *e*(*t*) *h*(*onestam*) *m*(*issionem*) *dedi prid*(*ie*) *non*(*as*). La différence de forme de la signature moderne et de la signature antique ressort même là sous son aspect le plus extrême, puisque la phrase ne contient même pas ce nom du scripteur qui est pour nous l'élément essentiel de la signature. Ce n'est pas une singularité pour la signature romaine. Mais la singularité est que cette signature se trouve au bas d'un diplôme militaire. 4º C'est une autre singularité qu'il n'y ait pas trace ici de la rédaction en deux exemplaires, l'un ouvert (*scriptura interior*), l'autre fermé et revêtu de cachets

(1) Le texte en a depuis été réimprimé par MM. Cagnat et Besnier, *Année épigraphique*, 1906, nº 22.

(2) V. Th. Mommsen, *C. I. L.*, III, pp. 843-919; *Suppl.*, 1893, pp. 1955-2038. *Add.*, 1902, pp. 2122, 2214, 2328, 64-72 et les autres renvois de nos *Textes de droit romain*, 3ᵉ éd., 1903, pp. 117-118.

(3) La restitution [*Pe*]*rlegi* est signalée par M. de Ricci comme incertaine et c'est par le mot *Legi* qu'est exprimée la signature du préfet dans *P. Oxy.* IV, 720. Cf. Wilcken, *Arch. f. Pap.*, 3, 2, 1904, p. 313. Mitteis, *Z. S. St.*, 25, 1904, p. 375 et notre *Manuel de droit romain*, 4ᵉ éd., 1906, p. 220, n. 5.

(*scriptura exterior*) qui était prescrite pour les actes romains par un sénatus-consulte de l'an 61 et qui était observée pour les diplômes militaires. 5° Enfin, suivant une pratique universelle qu'une doctrine plausible considère comme fondée sur une loi, les autres diplômes militaires sont gravés sur le bronze : c'est sur un carnet de bronze, sur un diptyque de bronze qu'est reproduit pour chaque soldat l'extrait le concernant de la table de bronze affichée dans un lieu public de Rome qui porte concession d'un ensemble d'avantages déterminés à la série de soldats libérés simultanément du service, de laquelle il fait partie. Notre titre est, à la manière des écritures privées ordinaires, inscrit sur une tablette de bois enduite de cire, sur une *tabula cerata.*

Il serait assurément bien difficile d'admettre que toutes ces singularités se soient trouvées réunies dans le même acte par la rencontre fortuite de causes entièrement indépendantes. Toutes les vraisemblances sont pour que les unes et les autres dérivent d'un principe unique et, bien que ce principe n'ait pas été indiqué à ma connaissance depuis un an que le titre a été imprimé, il peut, à mon avis, être discerné sans grande incertitude.

Il résulte pour ainsi dire matériellement de la dernière des particularités que nous avons énumérées. Le congé est inscrit sur une table de bois, il ne l'est pas sur une table de bronze, parce que c'est un congé *sine aeribus*, χωρὶς χαλκῶν. Notre titre se rapporte à une variété inférieure de l'*honesta missio* dont l'existence a été révélée il y a quelques années et dont on n'avait pas encore d'exemple concret. Le papyrus grec de Berlin n° 113, de l'an 143, publié en 1892 par M. Wilcken et commenté la même année par M. Mommsen dans le supplément du tome III du *Corpus inscriptionum Latinarum*, vise distributivement les vétérans des *alae*, des cohortes et des deux flottes de Misène et de Syrie qui ont été libérés du service de la façon la plus avantageuse et ceux qui l'ont été d'une façon moins relevée, χωρὶς χαλκῶν (1). C'est la preuve abstraite qu'à côté de

(1) B. G. U. 113, lignes 5 et 6 :..... ἔτι δὲ κ[αὶ] ἕτ[ε]ροι οὐε[τρ]ανοὶ οἱ χωρὶς χαλκῶν καὶ ἕτεροι οὐετρανοὶ καὶ αὐτο[ὶ ἐ]πιτυχόν[τ]ες μόνοι τῆς Ῥωμαίω[ν] πολειτίας, où M. Mommsen, p. 2008, efface le second καὶ

la *missio* la plus relevée constatée par les tables de bronze il y en avait une moins relevée qui n'était pas constatée de la même façon. L'exemple concret nous en arrive dans notre titre. C'est, semble-t-il, un truisme de dire que la concession est constatée ici par une *tabula cerata* au lieu de l'être par des tables de bronze parce qu'elle a lieu χωρὶς χαλκῶν, *sine aeribus*. Et ce qu'il faut bien noter, c'est que cette idée, commandée par une des particularités du titre, explique en même temps toutes les autres. Il ne contient pas d'énumération détaillée des avantages qu'il confère, sans doute parce qu'il n'en donne pas d'autres que ceux considérés comme compris dans la *missio honesta* (1), par opposition à la *missio causalis* et à la *missio ignominiosa* (2) qui devaient elles-mêmes être constatées dans un titre du même type (3). Précisément à raison de sa moindre importance, cette *missio* pouvait, le texte nous l'apprend et on le comprend aisément, être accordée en Égypte par le pré-

ἕτεροι οὐετρανοὶ et traduit *veterani alii sine aeribus et ipsi donati solitarii civitate Romana*. La correction peut être vraie ou fausse. Mais il ne faudrait pas, en tout cas, à notre avis, en conclure que la *missio sine aeribus* entraîne nécessairement la concession de la cité; car elle ne le fait probablement pas toujours quand c'est une *missio honesta*, elle le fait sans doute rarement sinon jamais, quand c'est une *missio causalis*, et elle ne le fait évidemment, jamais quand c'est une *missio ignominiosa*. V. les notes qui suivent.

(1) Nous pensons ici en première ligne à la retraite. V. sur elle Marquardt, *Organisation militaire de Rome*, trad. Brissaud, 1891, p. 311. Quant au droit de cité, il nous paraît impossible qu'il ait été conféré à L. Valerius Noster par notre titre, si on rapproche par ex. sa formule où le préfet *honestam missionem dedit* de celle des diplômes n°s IV, V, VI de la collection Mommsen (ainsi du diplôme, n° VI de Galba, p. 1958) où le prince donne aux gratifiés *honestam missionem et civitatem*. Ou bien, comme d'autres soldats des troupes auxiliaires, il avait déjà la cité, malgré l'omission de sa tribu dans le titre qui, à la vérité, ne mentionne pas non plus sa filiation. Ou bien plus vraisemblablement il est resté pérégrin après son congé.

(2) Macer, *D.*, 49, 16, *De re militari*, 13, 3 : *Missionum generales causae sunt tres : honesta causaria ignominiosa. Honesta est quae tempore militiae impleto datur : causaria, cum quis vitio animi vel corporis minus idoneus militiae renuntiatur : ignominiosa causa est, cum quis propter delictum sacramento solvitur.*

(3) M. Mommsen l'a remarqué pour la *missio causalis*, pour laquelle la table de bronze ne pouvait jamais être employée, puisqu'elle ne l'était même pas toujours pour la *missio honesta;* mais la *tabula cerata* devait aussi être utilisée pour la *missio ignominiosa;* car cette dernière avait elle-même besoin d'être constatée.

fet, au lieu de l'être à Rome par l'empereur. Enfin, en conséquence, encore, on ne rencontre ici rien qui ressemble aux tables de bronze affichées à Rome dont on tirait pour chaque soldat intéressé des copies authentiques en double exemplaire, également sur bronze : l'acte original est tout simplement dressé par la chancellerie du préfet et homologué par lui, dans des formes voisines de celles suivies pour la rédaction des constitutions impériales (1), tout comme au reste, s'il y a lieu plus tard de prendre des copies de cet original, on les inscrira sans doute sur de nouvelles tablettes de cire, avec les deux exemplaires, les cachets et le mode de fermeture requis par le sénatusconsulte de l'an 61. Il est même, sous ce dernier rapport, important, pour la solution complète de notre petit problème, de rappeler la remarque de M. de Ricci selon laquelle la souscription, étant d'une écriture différente de celle du corps de l'acte, doit être la signature même du préfet apposée sur la minute de l'*honesta missio*. L'acte est sur cire, ne parle que de la *missio* et non d'autres avantages, n'est pas affiché à Rome et émane du préfet et non de l'empereur, parce que c'est une *missio sine aere;* mais il est en un seul exemplaire, parce qu'il en est l'original et non pas une copie.

II. — Les titres n°s 2 et 3, l'un et l'autre en date du 29 septembre 170, rapportent les aditions d'hérédité faites *cretione* pour les hérédités testamentaires de sa mère et de sa grand'mère paternelle par une femme nommée Valeria Serapias avec le concours d'un nommé L. Valerius Lucretianus, qui est son frère et sans doute son tuteur.

Sur la date, qui est exprimée à la fois d'après le calendrier romain et d'après le calendrier égyptien et qui ne peut soulever de doute ni quant à l'année, ni quant au jour, on doit signaler une singularité dans la transmission du nom de l'un des consuls, le collègue de M. Cornelius Cethegus, consul ordinaire de 170, appelé ici par une erreur matérielle, Sextus Servilius Clarus au lieu de C. Erucius Clarus.

(1) V. à ce sujet les renvois de mes *Textes*, p. 189. Ajouter l'article *Epistula* de Brassloff, dans Pauly-Wissowa, *Realencyclopädie*, 77e livraison, 1906, pp. 204-210. La ressemblance avec les rescrits impériaux est, à vrai dire, encore plus complète, dans la décision du préfet d'Egypte nommant un tuteur à une femme, citée, p. 487, n. 3, où non seulement la signature, mais le corps de l'acte sont à la première personne.

Quant à la disposition et à la rédaction, les deux titres, qui sont des diptyques, présentent dans une forme régulière les deux expéditions de l'acte requises par le sénatus-consulte de l'an 61, suivant une distribution qu'on retrouve dans d'autres diptyques, soit dans celles des quittances de Pompéi qui sont des diptyques, soit dans l'acte d'affranchissement de l'an 221, appartenant à Lord Amherst of Hackney, dont nous devons la publication à M. Seymour de Ricci (1). Les pages 2 et 3 contiennent la *scriptura interior* gravée sur cire; les pp. 1 et 4 portent, écrites à l'encre sur le bois, la p. 1, d'un côté des cachets, les noms des sept témoins et, de l'autre, le commencement de la *scriptura exterior*, et la p. 4, la fin de la même *scriptura exterior*. Mais, outre ce texte latin en deux exemplaires, les titres n°s 2 et 3 portent, écrite à l'encre à la fin de la p. 4, une souscription, rédigée à la première personne en langue grecque, à son tour analogue à celles que l'on rencontre, après le texte latin en deux exemplaires, soit, en langue grecque, à la fin de la p. 4 de l'acte d'affranchissement dont elle confirme même l'interprétation en levant les doutes légers qu'eût pu laisser la restitution de sa portion intérieure illisible, soit, en langue latine, dans certaines des quittances de Pompéi. On trouve donc ici comme là juxtaposés les deux types de rédaction des actes qui ont été successivement en usage à Rome (2) : en premier lieu, en deux exemplaires, intérieur et extérieur, l'acte rédigé à la troisième personne par n'importe qui, dont la force probante réside dans les témoins et leurs cachets, qui n'est qu'une sorte de memento de la preuve testimoniale (*professio*, *testatio*); en second lieu, la véritable preuve écrite au sens moderne, le *chirographum* écrit, à la première personne, de la main de celui à qui il doit être opposé ou par son ordre, émanant de celui qui assume les conséquences de l'acte, ici de la femme qui, par l'adition d'hérédité, accepte les charges de la succession.

Pour le fond, les deux textes nous donnent, ainsi que M. de

(1) V. pour ce dernier texte, Seymour de Ricci, *Proceedings of Society of Biblical Archæology*, n° de mai-juin 1904, et Girard, *Textes*, pp. 849-850; pour les autres, Girard, *Textes*, p. 821, résumant Zangemeister.

(2) V. Girard, *Textes*, pp. 820-822 et les renvois. Ajouter H. Erman, *Mélanges Nicole*, Genève, 1905, pp. 111-134. *Z. S. St.*, 26, 1905, pp. 456-478.

Ricci l'a justement remarqué dans son rapport à l'Académie, des exemples d'adition d'hérédité faite *cretione*. On sait par Gaius et Ulpien que la personne qui faisait adition *cretione* prononçait lors de l'adition les mots : *eam hereditatem adeo cernoque* (1). Valeria Serapias rapporte *se hereditatem adiisse crevisseque* (acte n° 2 : *testata est se hereditatem Flaviae Valeriae matris ejus adiisse crevisseque;* acte n° 3 : *testata est se hereditatem Lucretiae Diodorae, aviae de patre, adisse crevisseque*) en déterminant d'une manière concrète l'hérédité qui est désignée par le terme *eam* dans les modèles abstraits de Gaius et d'Ulpien. Elle indique en outre qu'elle a été appelée aux deux hérédités par testament (actes 2 et 3 : *seque heredem esse secundum tabulas testamenti ejus*) non pas bien entendu pour justifier l'emploi de la *cretio* qui, si elle n'est, à l'époque classique, obligatoire qu'en face d'une institution d'héritier *cum cretione*, est licite pour tous les héritiers testamentaires et *ab intestat* (2), mais pour faire connaître le fondement de sa vocation aux deux hérédités, à la première desquelles elle ne pouvait d'ailleurs être appelée que par testament, le sénatus-consulte orfitien qui appela les enfants à la succession de leur mère en 178 étant postérieur à nos titres.

Le point le plus singulier des deux titres est la façon dont ils parlent dans la rédaction latine de L. Valerius Lucretianus, le frère de l'héritière. A s'en tenir à une lecture superficielle des deux actes, on conclurait de cette rédaction que sa sœur l'a employé comme mandataire pour faire l'adition d'hérédité, alors que l'adition d'hérédité est un acte qui ne comporte pas de représentation d'une part, et que, d'autre part, elle figure parmi les actes auxquels l'intéressée elle-même ne peut, quand c'est une femme *sui juris*, procéder qu'avec l'assistance d'un tuteur. Il ne serait pas impossible de répondre, sur le terrain de l'interprétation littérale du texte, que ce n'est pas l'adition, mais la *testatio* que l'institutée a faite *per procuratorem* (textes n°s 2 et 3 : *per procuratore Lucio Valerio Lucretanio, Matidio qui et Plotinio, fratre ejus testata est se*) et que la *testatio* probablement ne figure pas parmi les actes pour les-

(1) Gaius, 2,166. Ulpien, *Reg.*, 22, 28.
(2) Gaius, 2,167.

quels la représentation est interdite et certainement ne figure pas parmi ceux qui requièrent l'*auctoritas tutoris*. Mais il n'y a même pas à s'arrêter à cette analyse du texte. Une autre interprétation bien meilleure, qui devrait déjà être appliquée au texte latin, s'il nous était seul parvenu, est mise au-dessus de tout doute par la souscription en langue grecque. Nous avons là tout simplement un exemple de la maladresse avec laquelle nos Égyptiens naturalisés citoyens romains manient la langue latine et de la façon dont ils y transportent en les aggravant les confusions déjà faites par eux dans la langue grecque (1) entre les dénominations des tuteurs et des curateurs et celles des mandataires. Le *procurator* par lequel Valeria a fait sa *testatio* dans le texte latin en double exemplaire des deux titres, comme l'ἐπίτροπος qui a écrit leur souscription, c'est incontestablement le tuteur qui lui a donné son *auctoritas* pour la *cretio*.

On peut seulement se poser au sujet de ce tuteur deux questions connexes : la tutelle qu'il exerce est-elle ou non la tutelle légitime des agnats? Ensuite est-elle exercée *propter aetatem*, comme tutelle des impubères, ou *propter sexum*, comme tutelle perpétuelle des femmes?

La première question pourrait sembler oiseuse en face d'une tutelle exercée par un frère légitime. La solution en est pourtant rigoureusement subordonnée à la solution de la seconde. Valerius Lucretianus ne peut exercer sur sa sœur la tutelle légitime des agnats que si elle est en tutelle *propter aetatem*; car, pour les femmes en tutelle perpétuelle *propter sexum*, la tutelle légitime des agnats a été abolie sous Claude par la loi Claudia (2).

Reste donc à savoir si, le 29 septembre 170, le jour de l'adition d'hérédité pour laquelle elle fut assistée par son frère, Valeria Serapias avait atteint l'âge de douze ans qui est pour les personnes du sexe féminin l'âge de puberté auquel finit la tutelle fondée sur l'âge. Le texte latin ne dit à ce propos rien de particulier et le texte grec lui applique même une expression qui, entendue littéralement, prouverait qu'elle est sortie de la tutelle des impubères : c'est l'expression ἀφῆλιξ,

(1) V. sur ces incertitudes, Th. Mommsen, *Z. S. St.*, 16, 1895, p. 52 (*Gesammelte Schriften*, 1, 1905, p. 434); Mitteis, *Hermes*, 30, 1895, p. 590.

(2) Gaius, 1, 157. Ulpien, *Reg.*, 11, 8.

qui, dans la langue ordinaire, désigne la personne arrivée à la puberté, et dans la langue des jurisconsultes, la personne pubère mineure de vingt-cinq ans (1). Mais cela ne tranche pas la question ; car au contraire les papyrus emploient ce qualificatif pour les impubères eux-mêmes (2), et c'est bien ce que paraît faire Valerius qui n'aurait pas sans cela eu de raison de mentionner l'âge de sa sœur ; en outre l'écriture de toute la souscription d'une seule main, sans doute celle de Valerius, au lieu de celles des deux sujets des deux phrases, la sœur et le frère, qui m'est attestée par M. de Ricci, se comprend particulièrement bien, si la sœur était une petite fille qui ne savait pas encore écrire. Il est donc à croire que la tutelle est la tutelle légitime des impubères. La supposition la plus impossible serait celle qui admettrait que l'adition aurait été faite par une mineure de vingt-cinq ans assistée de son curateur ; car, à l'époque où nous sommes, même si la femme en tutelle avait un curateur, ce ne serait pas seulement le consentement du curateur, mais l'*auctoritas tutoris* qu'il faudrait pour une adition d'hérédité valable (3).

III. — Le texte n° 4, un diptyque, contient un extrait des actes de l'état civil, une copie régulièrement dressée en deux exemplaires à Alexandrie le 3 novembre 148 de la déclaration de naissance d'un enfant du sexe féminin né le 20 août et inscrit le 14 septembre, à la requête de son père, à la 3e colonne de la 4e table de l'*album* où la *professio liberorum* était reçue *citra causarum cognitionem*.

Quant à la disposition et à la rédaction, dans notre diptyque comme dans les nos 2 et 3, la p. 1 porte, écrits à l'encre sur le bois des deux côtés des cachets, les noms des sept témoins et le commencement de la *scriptura exterior* dont la fin

(1) V. par ex. les Basiliques, livre XII, tit 4, et la paraphrase des Institutes, sur le livre I, 14, 2. 20, 5. 23, 3. 24, 2. 25, 1, et le livre III, 1, 3.

(2) Le terme ἀφῆλιξ est employé nombre de fois par les papyrus pour des impubères chez qui l'absence de la cité romaine est sûre ou possible. Mais il l'est aussi par eux pour des impubères dont le droit de cité romaine est indéniable. Nous citerons comme seul exemple le papyrus B. G. U. II, 388, commenté par M. Mitteis, *Hermes*, 20, 1895, pp. 587-590.

(3) Il n'y aurait qu'à transporter ici la règle posée par Paul, F. V., 110, pour la *promissio dotis : sed non curatore praesente promitti debere, sed tutore auctore.*

est également écrite à l'encre sur le bois de la p. 4, tandis que la *scriptura interior* est gravée sur cire, sur les pp. 2 et 3. Mais il n'y a pas ensuite, comme dans les titres n°s 2 et 3 et les actes corrélatifs que nous avons signalés, d'addition de souscription dans la forme des *chirographa,* à moins qu'on ne veuille reconnaître dans les sigles incertains finaux l'équivalent de cette souscription qui alors se trouverait à la fois sur les deux exemplaires, à la fin de la p. 3 aussi bien qu'à celle de la p. 4. Cela ne rend que plus remarquable l'observation de M. de Ricci selon laquelle il y aurait, au bas de la p. 1, un sceau semblable à ceux relevés par M. Zangemeister sur certaines des quittances de Pompéi où ils apparaissent, non pas à côté des actes du type des *professiones*, mais de ceux du type des *chirographa*, pour y jouer le rôle des signatures modernes ou des sceaux du Moyen âge.

Les dates, encore indiquées simultanément d'après la notation romaine et la notation égyptienne, sont certaines, mais il faut de nouveau faire une observation relative au nom de l'un des consuls. Le collègue de C. Bellicius Calpurnius Torquatus est appelé la première fois P(ublius) Salvius Julianus, et la seconde G(aius) Salvius Julianus. Le prénom G(aius) qui lui est attribué la seconde fois et dont il n'y a pas pour lui d'autre trace, est, s'il a été bien lu par M. de Ricci, une erreur matérielle venant de ce que le scribe aura ici répété par mégarde le prénom du premier consul cité; mais, m'a fait remarquer M. Boulard, auteur d'une thèse étudiée sur le jurisconsulte Julien (1), auquel j'ai communiqué le texte, le prénom *P(ublius)* attribué au consul de l'an 148 par la première mention de notre texte comme par l'inscription conservée dans une copie *C. I. L.*, VI, 375, vient contrarier une argumentation proposée par M. Mommsen pour arriver à l'assimilation du consul de l'an 148 et du jurisconsulte Salvius Julien, l'auteur de la codification de l'édit, appelé *L(ucius)* Salvius Julianus dans l'importante inscription découverte en 1899 en Tunisie. Convaincu par les données chronologiques nouvelles fournies par l'inscription de l'identité du jurisconsulte et du consul de 148 qu'il avait antérieurement rejetée comme dénuée de preuves,

(1) L. Boulard, *L. Salvius Julianus*, Paris, 1903.

l'illustre auteur écartait au profit du prénom de L(ucius) établi par l'inscription tunisienne celui de P(ublius) en l'attribuant à une faute du copiste par lequel seul nous est parvenue l'inscription *C. I. L.*, VI, 375 (1). Mais aujourd'hui le témoignage de ce copiste n'est plus isolé. Il est confirmé par le témoignage indépendant contenu dans notre titre. Si donc on veut maintenir l'identité des deux personnages, certainement appuyée par de sérieuses vraisemblances chronologiques, il faut plutôt le faire en supposant ici une pluralité de prénoms résultant par exemple d'adoption, admettre que le jurisconsulte Julien s'appelait à la fois Publius, comme le prouvent l'inscription italique et le diptyque égyptien, et Lucius, comme le prouve l'inscription tunisienne (2).

Pour le fond même, le texte présente ce grand intérêt d'attester, malgré les obscurités et les incertitudes de lecture qu'accuse prudemment M. de Ricci, l'existence en Égypte, dès le temps d'Antonin le Pieux, d'un système d'enregistrement des naissances assez voisin de celui que l'histoire Auguste nous présente comme ayant été rendu obligatoire dans tout l'empire par Marc-Aurèle (3).

Le tableau des naissances auquel le renvoi est fait d'une façon

(1) Th. Mommsen, *Z. S. St.*, 23, 1902, pp. 54-60 (*Gesammelte Schriften*, 2, 1905, pp. 1-6). Cf. Kornemann, *Klio, Beiträge zur alten Geschichte*, 6, 1906, p. 180.

(2) V. en ce sens Pallu de Lessert, *Recueil du centenaire de la Société des Antiquaires*, 1904, p. 371 et s. Cf. Cagnat, *Cours d'épigraphie latine*, 3e éd., 1898, p. 54 et Supplément, 1904, p. 474.

(3) *Vita Marci*, 9 : *Liberales causas ita munivit ut primus juberet apud praefectos aerarii Saturni unum quemque civium natos liberos profiteri intra tricensimum diem nomine imposito : per provincias tabulariorum publicorum usum instituit apud quos idem de originibus fieret quod Romae apud praefectos aerarii, ut si forte aliquis in provincia natus causam liberalem diceret, testationes inde ferret.* V. en outre Apulée, *Apol.*, 89. *Vita Gordiani*, 4. Servius, *ad Georg.*, 2,502 et les ouvrages cités dans mon *Manuel*, p. 188, n. 1. Au reste la décision prise par Marc-Aurèle ne paraît pas avoir été une innovation absolue. Ainsi, Apulée dans le discours précité, prononcé sous Antonin le Pieux, dit, pour la veuve plus âgée que lui qu'il avait épousée en Afrique, que le père de celle-ci *natam filiam more ceterorum professus est* et que *tabulae ejus partim tabulario publico partim domi asservantur.* Le temps de la naissance de la veuve nous reporte longtemps avant Marc-Aurèle et même longtemps avant notre texte; mais il n'est pas sûr que le mécanisme soit ni celui de Marc-Aurèle ni celui de notre titre.

semblable à celle que nous rencontrons pour d'autres copies tirées d'archives publiques ou municipales, apparaît comme un album analogue à celui sur lequel étaient publiés l'édit du préteur et les listes de jurés, affiché sur des tables divisées en colonnes dans un lieu public d'Alexandrie qui s'appelait l'*atrium magnum*, si la lecture marquée d'un point d'interrogation par M. de Ricci est exacte.

La déclaration, que nous voyons avoir lieu, comme dans le système de Marc-Aurèle, dans le mois de la naissance, est aussi faite comme dans ce système, par le père de l'enfant, et elle porte comme dans ce système, sur le nom et le jour de la naissance. M. de Ricci remarque qu'il ne nous est pas dit que le père fut le mari de la mère ; mais cela ne nous semble pas douteux, car c'est indispensable pour que l'enfant de deux citoyens romains, comme le père et la mère paraissent être tous deux d'après leurs noms, soit lié légalement à son père ; or s'il n'y avait pas eu de lien civil entre le déclarant et sa fille, il eût peut-être pu néanmoins à la rigueur faire la déclaration, si l'on admet qu'en Égypte sous Antonin le Pieux, contrairement au système établi pour tout l'empire par Marc-Aurèle, la déclaration pouvait émaner du premier venu ; mais l'officier de l'état civil ne lui aurait sans doute pas permis de faire mentionner une filiation que la loi veut ignorer.

Nous ne savons enfin si, comme dans le système de Marc-Aurèle, l'inscription est obligatoire et possède une force probante. Mais le tableau nous paraît devoir être reconnu sans hésitation comme un tableau général des naissances destiné à recevoir l'inscription de tous les enfants en dehors de toute considération particulière et non pas de catégories d'enfants déterminées en vue de lois spéciales quelconques : cette idée nous semble être commandée impérieusement par les mots *citra causarum cognitionem* ; mais ce n'est pas à dire que l'opposition précise faite par cette formule soit hors de tout doute. S'il y avait *citra causae* (et non *causarum*) *cognitionem*, on pourrait penser que le texte signifie simplement que l'inscription aura lieu sans examen du magistrat, contrairement au système de Marc-Aurèle où l'inscription était certainement soumise à un contrôle de l'autorité, car nous savons qu'elle avait un rôle probatoire dans les procès de liberté (1). Mais par son pluriel, le texte nous paraît en outre opposer notre déclaration à d'autres déclarations subordonnées à des causes déterminées. On pourrait songer à des inscriptions de naissances faites en vue de fins administratives ou fiscales déterminées, sur des registres particuliers entre lesquels la paperasserie abondante héritée par l'Égypte romaine de l'Égypte ptolémaïque donnerait plutôt l'embarras du choix. Mon collègue et ami Esmein songe à la *causae probatio* par laquelle, selon le droit commun de l'empire, l'affranchi latin pouvait obtenir la cité pour lui, sa femme et son enfant arrivé à l'âge d'un an (2). D'autres hypothèses encore seraient possibles. Nous ne choisirons pas entre elles. Nous nous risquerons encore moins à entreprendre la traduction des sigles dont M. de Ricci déclare ne présenter qu'une lecture provisoire. C'est à lui qu'il appartient de les soumettre à un nouvel et définitif examen pour lequel nul n'est plus qualifié que celui qui a su si bien découvrir et déchiffrer nos quatre précieux documents.

P. F. GIRARD.

(1) V. le texte de la *Vita Marci*, p. 496, n. 3.
(2) Gaius, 1, 28-31.

BAR-LE-DUC. — IMPRIMERIE CONTANT-LAGUERRE.

www.ingramcontent.com/pod-product-compliance
Ingram Content Group UK Ltd.
Pitfield, Milton Keynes, MK11 3LW, UK
UKHW020538230726
13925UKWH00006B/2340